Lb 392.
54

DE
L'ÉGOÏSME DU JOUR

RÉFLEXIONS

SUR L'ANALOGIE QU'ON REMARQUE ENTRE L'ÉTAT MORAL DE LA
SOCIÉTÉ ACTUELLE ET CELUI DE L'ANCIENNE SOCIÉTÉ,
EN REMONTANT JUSQUE DANS L'ANTIQUITÉ.

PAR R. F. DUHAIT,

Membre du Bureau de Bienfaisance du 2e arrond. de Paris.

Divitiarum et formæ gloria, fluxa atque fragilis est; virtus clara æternaque habetur.

La gloire qui vient des richesses et de la beauté est fragile et périssable; celle au contraire qui émane de la vertu est éclatante et immortelle.

SALLUSTE, *Conjuration de Catilina.*

PARIS.
CHEZ TOUS LES MARCHANDS DE NOUVEAUTÉS.

Juin 1848.

AVIS IMPORTANT.

Nous publions aujourd'hui, sous la forme rétrospective, cette brochure qui était sur le point d'être livrée à la presse lors des événements de février.

Quoique tardive, nous la croyons, néanmoins, susceptible de recevoir son application sous le nouveau régime où nous vivons.

Imprimé par Pilloy frères et Compagnie.

DE L'ÉGOÏSME EN GÉNÉRAL.

Il est un principe fondamental dont les philosophes modernes n'ont sans doute pas encore voulu se rendre compte, ou à l'égard duquel ils n'ont pas jugé à propos de fixer l'opinion publique, bien que de nombreuses circonstances leur aient fourni l'occasion d'en apprécier toute la portée.

Pourquoi, comme tel ou tel vice, tel ou tel sentiment est-il plus prédominant chez un grand nombre d'individus, et souvent de nature à absorber leur être à l'exclusion des autres dispositions qui émanent aussi de l'intelligence?

Pourquoi, pour préciser davantage les termes de la question, l'amour, l'ambition de la gloire, l'ambition des richesses, sont-ils poussés à l'extrême chez ces individus?

C'est que nous naissons tous avec un de ces penchants qui, s'il n'est modifié par la force du raisonnement ou par le fruit d'une éducation sérieuse, entraîne la chute de l'être entier.

C'est qu'il en est de même des facultés de l'âme, des sens et de l'esprit, que des membres du corps, qui, égoïstes par instinct, cherchent à se satisfaire sans consulter ceux qui concourent également aux fonctions de la machine humaine.

Ainsi, plus vous exciterez l'organe de l'estomac par une nourriture abondante, plus il deviendra exigeant, jusqu'à amener la congestion et occasionner la mort : plus vous exercerez à l'excès un des membres agissants, plus il prendra de développement, au point de déterminer une destruction totale. De même vous arriverez à ce funeste résultat en égarant l'âme par des mouvements trop passionnés.

Ces réflexions nous portent donc à penser qu'on doit toujours maintenir dans un équilibre parfait l'emploi des facultés de l'âme (1) et des sens, comme l'usage des parties du corps, pour arriver à la conservation de l'être;

Que l'égoïsme, au point de vue physiologique, est un principe que nous tenons de la nature même, comme complément de notre création;

Qu'enfin l'égoïsme, que nous caractériserons d'infirmité morale, paraît moins une extrémité dans laquelle on est entraîné par le vice, qu'un penchant qu'on apporte en naissant; ce qui doit nécessairement modifier l'opinion générale, mais bien fausse, selon nous, que c'est à la dépravation seule du siècle qu'il faudrait attribuer cette plaie qui nous dévore, et vient nous convaincre de la nécessité d'une éducation solide (2), afin de préserver les générations futures d'une influence aussi pernicieuse à l'avenir des peuples.

Ce qui nous confirme davantage dans notre pensée à cet égard, c'est

---

(1) La sagesse, absorbée dans ses méditations, se repose sur la prudence du soin de régler nos penchants et de gouverner la partie de l'âme où, selon Aristote, résident les vertus morales.

Cette partie est, à tout moment, agitée par l'amour, la haine, la colère, le désir, la crainte, l'envie et cette foule d'autres passions dont nous apportons le germe en naissant. Leurs mouvements, dirigés par l'attrait du plaisir ou par la crainte de la douleur, sont presque toujours irréguliers et funestes.
(BARTHÉLEMY, *Voyage d'Anacharsis*, chap. 26.)

(2) La plupart des hommes se conduisent selon les principes dans lesquels ils ont été nourris.
(ISOCRATE, harangue intitulée l'*Aréopagitique*, traduction d'Auger, 1781. Vol. 1er.)

Pour être ferme dans de bons principes, il faut avoir reçu une éducation honnête, et avoir été imbu de sentiments généreux.
(ISOCRATE, *ibid.*)

la disposition d'esprit identique qu'on rencontre successivement chez les nations de l'antiquité.

Il suffira, pour justifier cette conviction, de citer d'abord la Grèce, reconnue comme l'école du genre humain, et de suivre les progrès de ses mœurs à mesure que sa civilisation s'est étendue.

PREMIÈRE PÉRIODE.

DE L'ÉGOISME

CHEZ LES GRECS AUX TEMPS DE LYCURGUE ET DE SOLON.

L'histoire nous apprend que partout où les gouvernements ont éprouvé de violentes secousses, les mœurs et l'éducation furent l'objet d'une étude approfondie de la part des philosophes, qui considérèrent ces graves questions comme garantie de la durée de leurs institutions ;

Que, pendant le premier âge de la Grèce, qui date de l'arrivée de la colonie d'Inachus à Argos, vers l'an 1970 avant l'ère vulgaire, et qui, selon plusieurs historiens, compte quinze siècles environ, ces nouveaux gouvernements, subissant de nombreux changements, obligèrent en définitive leurs populations à des mœurs austères, à l'effet de leur inspirer les sentiments patriotiques si nécessaires à la conservation de l'État.

A Sparte, par exemple, au temps de Lycurgue, les magistrats ne furent réélus qu'après s'être distingués par une prudence éclairée et par des vertus éminentes. Puis vinrent les Éphores, qui se chargeaient, indépendamment des affaires administratives, de prendre un soin exclusif de la jeunesse, de veiller sur la conduite des hommes, tandis que d'autres veillaient sur celle des femmes.

Leur inspection s'étendait même sur les étrangers à un tel point que quelques-uns de ces derniers, ayant offert de parler publiquement sur toute espèce de matières, furent chassés de la ville.

Les places et le pouvoir avaient été conférés jusque-là aux citoyens riches ; Lycurgue en détermine le choix par la voie des suffrages, et parvient, par ce moyen, à faire envisager l'honneur comme la plus belle des récompenses; et, pour détruire la considération attachée à la richesse seule, il retire l'or et l'argent de la circulation, en y substituant un métal moins précieux.

L'éducation fut regardée alors comme la chose la plus importante. Après avoir détruit les éléments de séduction qui avaient poussé les citoyens à l'égoïsme, ce profond législateur imagine de créer un nouveau système qui consistait à prendre l'homme au berceau et à le suivre jusqu'au tombeau. Tous les articles du règlement qu'il prescrit pour les différents âges n'indiquent-ils pas assez la protection dont l'homme a besoin à tous les instants de sa vie.

Ne sait-on pas de plus que la pudeur des femmes leur valut une telle déférence, que non-seulement leurs époux les consultaient pour leurs propres intérêts, mais encore pour les affaires publiques. Aussi, avec de pareilles institutions, Sparte n'eut-elle plus de séditions à redouter. Aucun roi ni aucun citoyen, tant qu'elles durèrent, n'osa usurper plus d'autorité que celle conférée par la loi, et ce peuple acquit sur la Grèce entière une suprématie qu'Athènes s'efforça en vain de lui disputer.

Deux cents ans plus tard, on voit paraître Dracon chez les Athéniens, au moment où, par l'insuffisance des lois, l'ambition dévorait les classes élevées et les conduisait à des mesures arbitraires. Il formule un code de morale, en adoptant les principes que Lycurgue avait posés chez les Spartiates; mais comme l'austérité de ses règlements ne convenait pas à ce peuple corrompu, il est obligé de se retirer.

Cependant les désordres ne faisant qu'augmenter, les Athéniens, poussés de toutes parts par la nécessité de s'adresser à des hommes sages pour éviter une destruction sociale, consentent à s'abandonner au génie de Solon.

Profitant des lois de ses prédécesseurs, le nouveau législateur soumet également la conduite des magistrats à un examen sévère (1).

(1) C'est ainsi que dans son Introduction au *Voyage de la Grèce*, partie II, section 1re, Barthélemy reproduit une des dispositions de ces lois relatives aux mœurs :

« Le citoyen devenu fameux par la dépravation de ses mœurs, de quelque

L'infamie est assignée à l'oisiveté, et il entre dans les premiers devoirs d'un père de donner un métier à son fils, sacrifice dont il trouve plus tard la juste compensation dans des secours qui lui sont accordés par l'Etat. Enfin, l'éducation, à l'instar de Lacédémone, est réglée par une loi spéciale; toutes ces bases étant envisagées par lui comme le plus ferme appui de sa législation.

Aussi, à cette époque où les mœurs seules assurèrent la durée du gouvernement, les grands hommes de tout genre commencèrent-ils à se montrer, et, en raison de la supériorité de ses lumières et de son goût pour les lettres, la philosophie et les arts, la Grèce sut-elle résister longtemps encore à ses vainqueurs, quoique écrasée par le nombre; car, un demi-siècle après, les Romains envoyèrent les décemvirs y chercher les éléments de leurs lois que les Grecs eux-mêmes avaient été puiser chez les Égyptiens.

« état qu'il soit, quelque talent qu'il possède, sera exclu des sacerdoces, des « magistratures, du sénat, de l'assemblée générale : il ne pourra ni parler en « public, ni se charger d'une ambassade, ni siéger dans les tribunaux de jus-« tice; et s'il exerce quelqu'une de ces fonctions, il sera poursuivi criminel-« lement et subira les peines rigoureuses prescrites par la loi. »

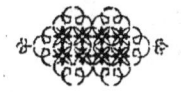

DEUXIÈME PÉRIODE.

DE L'ÉGOÏSME

A ROME SOUS LA RÉPUBLIQUE.

Rome, aux temps primitifs, nous offre des faits de la même gravité. Ainsi, malgré les abus qui avaient causé la chute des Tarquins, on y vit reparaître l'égoïsme et l'ambition des jeunes patriciens.

Partisans dévoués de la branche déchue, comme ils avaient été ses compagnons de débauches, ils n'en dictèrent pas moins, pour ainsi dire, les articles de cette immortelle loi des Douze Tables dont un paragraphe défendait aux patriciens de s'allier aux plébéiens; manière indirecte de s'adjuger le pouvoir sans contrôle. Ces tables furent pourtant la source du droit romain, qui devint le principal élément de nos codes.

Pendant les deux siècles précédents, l'état d'hostilités où les Romains s'étaient continuellement trouvés engagés, soit pour légitimer, soit pour étendre leurs conquêtes, n'avait pas permis de s'occuper de lois d'intérêt général; et, forcée de se maintenir dans l'attitude militaire qui convenait à sa position, la république avait confié presque entièrement son administration aux farouches vertus du consul Junius Brutus, le faible Collatinus, son collègue, ne se sentant pas l'énergie d'en tempérer les effets.

Ce fut avec ces dispositions belliqueuses, qui durèrent cinq siècles, que les Romains, plus aguerris que les autres peuples, les soumirent successivement depuis le golfe Adriatique jusqu'aux rives de l'Euphrate.

L'amour de la patrie consista, pendant plus de quatre cents ans, à rapporter à la masse commune le butin fait chez les autres nations. Il faut néanmoins convenir qu'au milieu de ce brigandage il y eut de sublimes vertus; mais les querelles continuelles entre les patriciens et les plébéiens, se disputant les places et le pouvoir, furent telles qu'elles causèrent les graves sujets de discordes qui, à plusieurs reprises, mirent la république à deux doigs de sa perte.

Les beaux-arts, qui annoncent la civilisation d'un pays, étaient si éloignés de l'esprit public, que lorsque Marcellus, après la prise de Syracuse, introduisit le goût de la peinture et de la sculpture, les vieux Romains augurèrent de grands malheurs. Pleins des préjugés de leur jeunesse, et n'ayant vu jusque-là dans une ville livrée aux exercices de la guerre que des ébauches grossières, ils prédirent que le labourage et la guerre seraient abandonnés, et que la langueur et la mollesse allaient s'insinuer parmi les membres de l'État. Quelques historiens déclamateurs ont été même jusqu'à tenter d'affaiblir la renommée de Marcellus, en lui attribuant l'origine du luxe et de la corruption de Rome, tandis qu'au contraire les arts honorent l'empire qui les cultive et le chef qui les encourage.

Il y eut cette différence entre les Grecs et les Romains, que les premiers, en repoussant les armées innombrables du puissant roi de Perse, et vainqueurs de ses armes sur terre et sur mer, perfectionnèrent les beaux-arts tout en s'occupant de l'éducation publique; au lieu que les Romains ne les connurent qu'au temps de Scipion l'Africain, c'est-à-dire cinq siècles après la fondation de Rome.

Néanmoins la prise de Syracuse avait amené le goût d'un luxe excessif; les citoyens avaient manifesté une aversion profonde pour tout ce qui était travail ou fatigue, et l'introduction des Bacchanales, venues des Israélites, acheva de les plonger dans la plus effroyable corruption.

Par suite, le relâchement de la discipline et de la police, la transgression des lois nécessitaient plus que jamais le besoin d'avoir des censeurs sévères. Les citoyens aimèrent mieux conférer cette dignité, qui résumait toute l'autorité des divers magistrats, plutôt à des hommes sérieux, zélés pour le bien général, qu'à d'anciens consuls qui n'étaient recommandables que par des victoires.

Caton, par son mérite, était en tout supérieur à ses rivaux : on le préféra.

Grand homme de guerre, il sut allier la prudence à la valeur ; grand homme d'État, il avait des vues saines sur les intérêts de sa patrie ; profond jurisconsulte, il paraissait plutôt un législateur que l'interprète des lois. Son talent oratoire dominait dans les assemblées, quelque sujet qu'on y traitât, et ses connaissances variées, en archéologie surtout, ont laissé à la postérité un ouvrage précieux sur l'origine des villes du Latium (1).

Secondé par son collègue Valérius Flaccus, il entreprit la réformation des mœurs de son époque.

Le premier soin de Caton fut donc de rayer sept noms de sénateurs, les nombreuses accusations portées contre eux en raison de leur immoralité ne leur permettant plus de siéger parmi ce corps illustre (2).

La sévérité de sa censure s'étendit ensuite sur une multitude de gens qui poussaient au plus haut degré d'orgueil l'emploi de leurs richesses, soit par le luxe de leur char ou de leur ameublement, soit par celui de leurs vêtements ou des bijoux de leurs femmes.

Il imagina, pour en diminuer le nombre, de frapper ces objets mobiliers, jusque-là affranchis d'impôt, d'une taxe représentant dix fois leur valeur ; et le produit en fut si considérable qu'il servit à assainir les fontaines publiques en les garnissant de pierres dures, et à construire

---

(1) M. Porcij Catonis, *Historia antiqua, ex bibliopolio commiliniano..* Anno 1549.

(2) Pour soutenir les mœurs, il faut des exemples, et ces exemples doivent émaner de ceux qui sont à la tête du gouvernement. Plus ils tombent de haut, plus ils font une impression profonde. La corruption des derniers citoyens est facilement réprimée et ne s'étend que dans l'obscurité ; car la corruption ne remonte jamais d'une classe à l'autre ; mais quand elle ose s'emparer des lieux où réside le pouvoir, elle se précipite de là avec plus de force que les lois elles-mêmes.

(BARTHÉLEMY, *Voyage d'Anacharsis*, Introduction au *Voyage de la Grèce*, tome Ier, partie II, section 1re.)

des égouts dans les quartiers qui en manquaient. Cette mesure produisit l'effet que Caton en attendait, puisqu'elle donna aux richesses une disposition moins somptueuse et plus utile.

Enfin le palais du sénat qu'il fit élever ; l'administration des fermes qu'il dirigea d'une manière plus avantageuse aux intérêts du peuple ; les moyens d'économie qu'il introduisit dans les dépenses de l'État, tous ces importants services lui valurent les honneurs d'une statue.

On a cependant reproché à ce grand citoyen quelques actes de sa vie privée qui ne furent pas d'accord avec ses doctrines, entre autres d'avoir trahi son orgueil en faisant graver sur son piédestal l'inscription suivante :

A CATON LE CENSEUR, POUR AVOIR RÉFORMÉ PAR DE SAGES RÈGLEMENTS LA DISCIPLINE DE LA RÉPUBLIQUE.

Quoi qu'il en soit, les plans de réforme dont ce zélé moraliste dota la république furent suivis par plusieurs de ses successeurs, notamment sous le rapport de la somptuosité des festins, où de jeunes débauchés sacrifiaient leur pudeur aux passions de ceux qui les invitaient ; et les heureux effets des principes qu'il avait posés commençaient tellement à frapper l'esprit des masses, qu'ils inspiraient des besoins d'éducation.

Déjà même on avait engagé des savants étrangers à ouvrir des écoles où l'on enseignerait l'éloquence et la philosophie, lorsque, sur la proposition du préteur Pomponius, chargé des affaires extérieures, le sénat déclara que l'étude de la philosophie ne servirait qu'à énerver le courage de la jeunesse, et qu'il ne devait y avoir d'autre école que l'école de Mars.

Aussitôt les assemblées littéraires furent interdites, les rhéteurs et les philosophes condamnés au bannissement (1).

Cette interdiction d'une étude reconnue si nécessaire alors replongea Rome dans une rudesse de mœurs qui amena les désordres les plus

---

(1) Rome cependant prit de meilleurs conseils dans la suite, car on y enseigna la morale et l'éloquence avec succès ; et les ouvrages de ses orateurs et de ses philosophes sont encore aujourd'hui sous les yeux de tous les peuples.

affligeants; ici, c'étaient des pères qui, sans cause légitime, donnaient la mort à leurs enfants; là, des enfants qui se rendaient parricides, crimes d'autant plus faciles à réprimer qu'ils ne dataient que de l'entrée d'Annibal en Italie.

On cite jusqu'à une femme qui fut déférée au jugement du préteur pour avoir fait succomber sa mère sous le bâton. L'instruction fit reconnaître qu'elle n'avait été poussée à tant de cruauté que pour se venger de ce que cette dernière avait empoisonné ses enfants.

C'était en employant des hommes peu scrupuleux en matière d'honneur, toujours prêts à sacrifier l'équité à l'intérêt de leur gloire plutôt que d'avoir en vue le bien de la patrie, que la république sentait diminuer chaque année son influence dans ses possessions étrangères.

Plusieurs de ces crimes, commis sans aucun ménagement, entraînèrent leurs auteurs à se détruire pour échapper à une mort honteuse.

Il s'ensuit que les Romains en étaient venus à ne plus estimer les hommes pour leur probité, mais par le profit qui revenait à l'État de leurs procédés odieux.

De telles maximes devaient forcément amener de nouveaux troubles qui devinrent si graves que des tribuns poussèrent l'excès de leurs violences jusqu'à attenter aux jours des censeurs, qui étaient, comme on sait, les magistrats les plus puissants après les consuls. Ces attentats du tribunat, dont on n'avait pas encore vu d'exemple, n'indiquaient-ils pas que la république marchait à sa ruine et à la décadence de sa vertu.

On ne s'en tint pas aux censeurs : le meurtre du licteur Antilius, commis sur les marches même du Capitole, fut le signal de la révolte qui éclata l'an de Rome 632, et servit de prétexte au peuple pour rallumer les anciennes dissensions qui avaient agité de tout temps les patriciens et les plébéiens.

Sénateurs, magistrats, citoyens, tous y prirent une part active; et la triste victoire resta à l'armée consulaire qui, par le sacrifice de plusieurs familles nobles, fit subir au parti opposé une perte de trois cents séditieux.

Presque en même temps les crimes de concussion se perpétuaient dans une proportion toujours croissante, et réduisaient à l'impuissance les efforts de la justice. Puis, les Vestales, en excitant à la violation du sanctuaire sacré, et sans calculer l'horreur du supplice qui les attendait, annonçaient leur irrévérence pour la religion. Enfin la guerre civile, renouvelée par les massacres de Marius (1) et les proscriptions de Sylla, avait exaspéré les esprits au dernier degré, lorsque les désastres de Pompée à Pharsale décidèrent de l'empire du monde en faveur de César.

On peut dire que Sylla fraya le chemin à Jules César pour changer la république en monarchie, et l'asservir sans retour aux volontés d'un seul homme.

Quant à Pompée, l'envie de dominer seul, plutôt que le désir d'arrêter son pays sur le penchant de sa ruine, l'entraîna dans une guerre intestine qui compromit son honneur et sa vie.

---

(1) Marius fut un de ces hommes extraordinaires que le ciel montre rarement à la terre. En guerre, il passa pour un héros; en paix, ce fut un citoyen pernicieux. Son ambition le porta toujours à vouloir dominer; mais privé des talents nécessaires pour gouverner, il pensa faire périr par de mauvais conseils l'État qu'il avait sauvé par la force des armes : tant il est vrai que sans mœurs, sans probité, sans bonne foi et sans humanité, on peut par hasard devenir un grand capitaine, mais que sans les qualités du cœur on ne peut être un grand homme d'État.

(ROLLIN, *Histoire romaine.*)

TROISIÈME PÉRIODE.

DE L'ÉGOISME

A ROME SOUS LES EMPEREURS.

Pendant près de soixante ans, les lambeaux de la république étaient demeurés entre les mains des six empereurs qui, par leur ineptie et leurs cruautés, avaient avili leur nom et terni la splendeur du trône d'Auguste.

Heureusement Trajan et les Antonins ramenèrent bientôt la paix et l'obéissance aux lois dans toute l'étendue de l'empire, non-seulement par la rapidité de leurs conquêtes, mais encore par la sagesse de leur gouvernement; et la confiance qu'ils surent inspirer à leurs immenses populations fut telle, que prince et sujets employèrent leurs loisirs et leurs richesses à élever de beaux et utiles monuments.

L'histoire cite un Athénien dévoué à son pays, Hérode-Atticus, qui, sans cependant épuiser ses richesses, fit construire le stade dont nos voyageurs ont pu évaluer les restes à une longueur de deux cents mètres. On lui attribue de plus l'érection du théâtre de Corinthe et les bains de Delphes. De leur côté, ces vertueux empereurs signalèrent leur règne par la construction de ces aqueducs qui furent considérés comme le plus beau monument du génie et de la puissance de Rome.

Le commerce déploya de son côté une grande activité. L'Italie se voyait délivrée du fléau de la guerre; l'Espagne, la Gaule et la Grande-

Bretagne comptaient quantité de villes qui s'enrichissaient par les ressources commerciales, et lorsque l'Afrique s'enorgueillissait d'un nombre presque égal de cités, Carthagène sortait de ses cendres, parée d'un nouvel éclat.

C'est ainsi que sous les César, les capitales de la Syrie et de l'Égypte, Antioche et Alexandrie, le cédaient à peine à la majestueuse Rome; et les nombreux vaisseaux qui sillonnaient la Méditerranée en tous sens, de l'embouchure du Tibre aux colonnes d'Hercule et jusque dans les ports d'Orient, facilitaient leurs communications, répandant partout les perfectionnements de la vie sociale.

Pendant une période de cent quatre-vingts ans, l'ambition et l'égoïsme s'emparèrent des empereurs, à ce point que quelques-uns furent victimes des violences qu'ils exerçaient sur les populations, suites inévitables d'une politique perfide.

Septime-Sévère, au milieu de la paix que la réputation de ses armes avait établie, conçut la fatale idée de perpétuer la puissance souveraine dans sa famille, et, regardant l'empire comme sa propriété, il voulut associer ses deux fils Caracalla et Géta au pouvoir.

Tant que ce prince vécut, une harmonie apparente régna entre les deux frères, quoique nourrissant l'un contre l'autre une haine implacable qu'ils avaient conçue au berceau; mais aussitôt après sa mort, des agitations intestines s'élevèrent, et l'infortuné Géta fut sacrifié à la jalousie de Caracalla, dont la mémoire survivra pour être livrée à l'infâmie, en raison de ses cruelles vexations envers toutes les provinces, et surtout du massacre des habitants d'Alexandrie en Égypte, auquel il assista en personne.

Le règne de Constantin offre également un tableau frappant des faiblesses à l'influence desquelles les hommes mêmes les plus éminents ne sauraient se soustraire.

Né avec d'heureuses dispositions et privilégié des dons de la nature les plus précieux, ce grand conquérant conserva jusqu'à l'âge le plus avancé la vigueur de son tempérament par l'austérité de ses mœurs.

Il s'était illustré par ses conquêtes; et s'il eût trouvé la mort sur les bords du Tibre ou dans les plaines d'Andrinople, sa mémoire eût été sans tache; tandis que la fin de sa vie le fit déchoir du rang qu'il s'était acquis parmi ses plus respectables prédécesseurs.

La paix générale qu'il maintint pendant les dernières années de sa carrière fut plutôt une période de fausse grandeur que de véritable prospérité, et sa vieillesse fut ternie par son avarice et ses prodigalités, vices qu'on rencontre, de temps en temps, réunis dans la même personne.

Crispus, son fils, héritier présomptif de la couronne, était un prince accompli. Proclamé césar dès l'âge de dix-sept ans, il devint gouverneur des Gaules et se signala contre les Germains.

Dans la guerre entre son père et Licinius, son oncle, il remporta sur l'Hellespont un avantage qui contribua à apaiser les différends qui divisaient ces deux princes; et les acclamations de l'Orient unirent son nom à celui de l'empereur.

Cette dangereuse popularité excita l'attention de Constantin qui, même au déclin de sa vie, ne voulait pas souffrir d'égal; car, poussé par de perfides conseils, et formalisé des discours de Crispus, qui n'avait pas toujours la prudence de s'observer, il publia un édit relatif à une conjuration, vraie ou supposée, par lequel une récompense était accordée à quiconque dénoncerait les coupables, quelque fût leur rang, fussent-ils même des favoris.

Les noms des amis de Crispus ayant été prononcés, les accusés furent punis avec la dernière rigueur; mais l'empereur, usant de dissimulation à l'égard de son fils, attendit le jour de la célébration de la vingtième année de son règne, et, pendant la fête, il le fit arrêter et conduire en Istrie, où, après une courte instruction, il le livra au bourreau, enveloppant dans le triste sort qu'il lui avait réservé le césar Licinius, son propre neveu.

La succession de Constantin ayant amené des divisions parmi les membres de sa nombreuse famille, la plupart furent sacrifiés dans un massacre général, sur l'accusation peu croyable d'avoir conspiré contre la vie de leur chef.

De ce massacre de tant de princes, il ne restait plus que ses trois fils et leurs cousins Gallus et Julien.

Déjà le partage était fait entre les trois frères, lorsque l'aîné, mécontent de son héritage, envahit rapidement avec un ramas de soldats indisciplinés les États africains échus à Constant.

La querelle des deux frères ne fut pas réglée par une bataille, car Constantin, attiré dans une embuscade, fut environné et mis à mort avec sa faible escorte, ce qui rendit Constant possesseur des deux tiers de l'empire.

Ce prince n'était pas appelé à jouir longtemps de sa perfidie, car, peu d'années après, il devint victime de l'ambition d'un audacieux soldat qui avait su gagner l'esprit de l'armée en profitant du mépris que son maître s'était attiré par ses dissipations et son orgueil.

A peine Constance est-il instruit de cette usurpation, qu'il quitte l'Orient et vient mettre un terme aux dévastations de Magnence, en l'obligeant à se réfugier dans les Gaules, où ce traître mit bientôt fin à ses jours pour échapper au supplice qui l'attendait.

C'est ainsi que le troisième fils de Constantin le Grand devint maître de la totalité de l'empire sur lequel avait régné son père.

La victoire récente que Constance avait remportée sur Magnence n'eut pas plus tôt réuni les provinces devenues précédemment l'héritage des trois frères, que les succès de Julien en Occident vinrent éveiller l'attention de l'empereur et lui faire craindre que ce jeune conquérant ne s'emparât du gouvernement confié à son habileté.

En effet, dans la guerre contre les Barbares de la Germanie, que Julien avait chassés des Gaules, ce nouveau césar venait de dicter la paix à six des plus puissants chefs des Allemands et de rendre plus de vingt mille captifs à leurs familles.

Après de si mémorables victoires, son but tendit à assurer le bonheur de ses sujets par une sage administration.

Pendant ses quartiers d'hiver et dans les intervalles de paix qu'il savait se ménager, il s'occupait des affaires civiles. Sous cette influence salutaire, on vit renaître l'esprit d'industrie avec l'espoir d'une jouissance assurée. L'agriculture, les manufactures, le commerce, commencèrent à fleurir sous la protection des lois. Ce vertueux prince jetait surtout des regards de bienveillance sur la ville de Paris, siége de sa résidence ordinaire, et devenue l'objet de son affection particulière. Au sud de la petite île où cette ville était située, il bâtit un palais, un amphithéâtre, un aqueduc, des thermes dont on voit encore aujourd'hui les restes, et traça un Champ-de-Mars pour exercer les troupes. La licence et la corruption d'Antioche lui firent regretter, dans la suite, les mœurs simples et austères de sa chère Lutèce, où les plaisirs du théâtre étaient inconnus ou méprisés.

Quoique ses succès eussent rempli l'univers de sa gloire, sa modestie se refusait à accepter les titres de distinctions que les légions de la Gaule lui offraient; il les exhorta même à reconnaître leur puissant monarque et à lui être fidèles; mais ses soldats, dont il était devenu l'idole, l'obligèrent à accepter la pourpre, lui signifiant, le fer à la main, qu'il fallait régner ou mourir.

Néanmoins, ne se voyant pas suffisamment investi du droit de porter le diadème sans l'adhésion de Constance, il s'en référa à sa sagesse; et, tout en lui témoignant hautement de son obéissance, l'engagea à accepter la proposition d'un traité honorable, également avantageux pour les peuples et pour sa maison.

Cette hésitation parut en définitive injurieuse à l'armée dont le mécontentement tourna bientôt en conspiration régulière; car, saisissant l'occasion d'une fête où les troupes avaient la liberté de se livrer aux excès, une multitude de gens armés pénètrent, au milieu de la nuit, dans le palais de Julien, s'emparent de sa personne, et, à la lueur des torches, le promènent, assis sur un trône, dans les rues de Paris, le saluant empereur, titre qui lui fut confirmé un an après par Constance à ses derniers moments.

Son règne, auquel cet événement venait de donner une base solide, fut le règne de la raison et de la vertu.

Il supprima plusieurs milliers de charges subalternes créées par l'abus d'un luxe ridicule, diminua le nombre de ses valets dont la dépense surpassait celle des légions; la magnificence de leurs vêtements avait excité l'indignation d'un souverain qui couchait sur le plancher et qui s'accordait à peine les premières nécessités de la vie. Par un seul édit, il fit du palais un vaste désert. Ce prince comprenait les avantages de la liberté publique et abhorrait le despotisme oriental établi sous ses prédécesseurs. Il refusa toujours les titres de grandeur qui accompagnent la souveraineté, préférant celui de consul, parce qu'il lui rappelait la modestie de l'ancienne Rome.

Il chérissait la Grèce, et, sous son règne, les villes de l'Épire et du Peloponèse reprirent une partie de leur ancienne splendeur.

Cependant, quand on examine attentivement le portrait de Julien, on reconnaît que quelque chose lui manquait. Selon Gibbon (dans son *Histoire de la décadence et de la chute de l'empire romain*), son génie était moins vaste que celui de César et moins sublime. Il n'égala pas toujours Auguste en prudence, surtout dans ses persécutions contre les chrétiens. Les vertus de Trajan paraissent plus naturelles et plus sûres, et la philosophie de Marc-Aurèle est plus simple.

Malgré tout, Julien a soutenu l'adversité avec courage et a joui de la fortune avec modération ; et, après un intervalle de cent vingt ans, depuis la mort d'Alexandre Sévère, les Romains virent en lui un monarque plein d'amour pour ses peuples et qui méritait de régner sur le vaste pays où la Providence l'avait placé.

Son règne fut court. Dans son expédition contre les Perses, il fut atteint d'un coup de flèche dont il mourut à l'âge de trente-deux ans, vingt mois seulement après son avènement au trône ; et sa mort fut pour ainsi dire le signal du partage de l'empire, qu'on distingua ensuite entre empire d'Orient et empire d'Occident, jusqu'à l'invasion des Barbares en Italie, qui eut lieu environ cent douze ans après, c'est-à-dire l'an 476 de Jésus-Christ.

QUATRIÈME PÉRIODE.

DE L'ÉGOÏSME

EN FRANCE SOUS LA MONARCHIE.

On serait disposé à croire que les premières atrocités commises par le seul homme remarquable de la race des Mérovingiens, Clovis Ier, n'auraient été motivées que dans l'intérêt de sa propre sûreté, quand on remarque surtout que la monarchie, à cette époque, était envahie par une foule d'ambitieux.

Si Clovis se fût borné à l'acte de cruauté qu'on lui reproche envers l'audacieux chef de troupes, son rival, dont il trancha la tête d'un coup de hache, on aurait pu rejeter cette action criminelle sur la barbarie du temps, puisqu'en définitive ce trait d'énergie, qui se passa à la face de son armée, décida de sa fortune.

Mais, plus tard, le meurtre de Siagrius, roi de Soissons, qu'il avait poursuivi jusqu'en Thuringe, enfin le double assassinat des rois du Mans et de Cologne, Rignomer et Sigisbert, dont ensuite il confisqua les biens, annoncèrent un caractère sanguinaire qui ne se développa que trop pendant les trente années de son règne, et que ne purent pas même adoucir les tendres insinuations de Clotilde son épouse, douée, comme on sait, des plus excellentes qualités.

Plusieurs de ses successeurs avaient amolli le peuple par leurs faiblesses, et l'avaient maintenu dans une ignorance si profonde de son véritable droit, que la superstition était devenue un moyen infaillible d'intimidation.

Une injure grave, un crime étaient-ils commis, l'argent alors établissait une compensation ; en sorte que les classes inférieures, continuellement opprimées par les classes élevées, n'avaient aucun moyen de se faire rendre justice.

Enfin, Charlemagne parut.

Ce grand empereur, après avoir étendu son pouvoir d'Orient en Occident, et s'être rendu maître des deux tiers de l'Europe, posa les armes pour s'occuper d'administration.

Sa haute intelligence le reporta vers l'intérieur de ses États qu'il entreprit de policer en dictant ces lois qui lui ont acquis une gloire même plus solide que celle des conquêtes.

Indépendamment de la protection qu'il accorda aux arts dans un siècle où la civilisation était si peu avancée, il composa ses Capitulaires calculés selon le temps et les besoins de l'époque.

Son attention se fixa particulièrement sur le clergé, comme devant imprimer l'exemple. Il prescrivit aux ecclésiastiques la subordination entre eux, et ordonna la réforme des abus de la superstition, « *qu'il faut bien distinguer,* disait-il, *de la religion.* »

Il régénéra la magistrature, à qui il imposa la même réserve dans la limite de ses devoirs.

Charlemagne mettait un grand appareil dans la publication de ses règlements ; et, lorsque de temps en temps il en recommandait l'observation, il paraissait sur son trône, la couronne sur la tête, le sceptre de justice à la main, et environné des hauts dignitaires de la cour. Après avoir fait lire ses Capitulaires devant le peuple assemblé, non-seulement il exigeait qu'ils fussent exécutés, mais il envoyait partout des hommes de confiance (1) pour s'assurer que ses ordonnances avaient été strictement suivies.

(1) Outre les assises, qui ne regardaient que l'administration de la justice entre les citoyens, des espèces de censeurs tenaient tous les ans, dans leur province, des états particuliers, où les évêques, les abbés, les comtes, les seigneurs, les avoués des églises, les vicaires des comtes, les centeniers et les rachinbourgs étaient obligés de se trouver en personne, ou par leurs repré-

Ce fut à dater de cette époque que les gouverneurs des provinces, en transmettant ses instructions salutaires, accoutumèrent le peuple à respecter les organes de la loi.

Il est à regretter que ses successeurs n'aient pas déployé la même énergie dans l'accomplissement des devoirs sacrés que réclamait leur position élevée, autrement l'impulsion qu'avait donnée ce vaste génie eût été un bien pour le pays, tandis que de Charles le Chauve à Charles VI, c'est-à-dire pendant plus de six cents ans, le luxe insultant des riches, le faste des hommes puissants, le détournement des deniers publics par les admininistrateurs, motivant des augmentations

sentants, si quelque cause légitime les retenait ailleurs. On traitait dans ces assemblées de toutes les affaires de la province ; tous les objets y étaient vus dans leur juste proportion ; on examinait la conduite des magistrats et les besoins des particuliers. Quelque loi avait-elle été violée ou négligée, on punissait les coupables. Les abus en naissant étaient réprimés, ou du moins ils n'avaient jamais le temps d'acquérir assez de force pour lutter avec avantage contre les lois. Les envoyés faisaient le rapport au prince et à l'assemblée générale de tout ce qu'ils avaient vu ; l'attention publique, quelque vaste que fût l'étendue de l'empire français, se fixait en quelque sorte sur chacune de ses parties. Rien n'était oublié, rien n'était négligé. La nation entière avait les yeux continuellement ouverts sur chaque homme public. Les magistrats, qu'on observait, apprirent à se respecter eux-mêmes. Les mœurs, sans lesquelles la liberté dégénère toujours en une licence dangereuse, se corrigèrent ; et l'amour du bien public uni à la liberté, la rendit de jour en jour plus agissante et plus salutaire.

Le Champ-de-Mai apprit à se défier de la prospérité, à craindre pour l'avenir, à préparer des obstacles aux abus, à remonter à la source du mal, et fut en état de s'élever jusqu'aux principes d'un bon gouvernement, ou du moins de les connaître, et de les saisir quand Charlemagne les lui présentait. De là cet amour de la patrie et de la gloire qui parut pour la première fois chez les Français, et en fit une nation toute nouvelle. A mesure que les différents ordres de l'État, traitant ensemble par la médiation de Charlemagne, se rapprochaient et oubliaient leurs anciennes inimitiés, ils sentaient accroître leur bonheur particulier et leur attachement pour l'ordre. En divisant tout, dit un tyran, je me rendrai tout-puissant. Soyez unis, disait Charlemagne à ses peuples, et nous serons tous heureux. Agissant enfin avec ce zèle que donne la liberté, et avec cette union qui multiplie les forces, rien ne put résister aux Français. Ils soumirent une partie de l'Espagne, l'Italie, toutes ces vastes contrées qui s'étendent jusqu'à la Vistule et à la mer Baltique ; et la gloire du nom Français, pareille à celle des anciens Romains, passa jusqu'en Afrique et en Asie.

(L'ABBÉ DE MABLY, *Observations sur l'histoire de France*, tome I*er*, chap. 2.)

d'impôt, soulevèrent le peuple et ouvrirent la lice aux factions qui se combattirent pendant ces malheureux temps.

Ces excès voulurent reparaître sous Charles VII; mais ce règne présenta des actes d'une justice sévère, et une nouveauté effrayante pour les grands seigneurs que l'impuissance de ses prédécesseurs avaient accoutumés à l'impunité.

L'histoire en cite plusieurs qui, usant d'une licence effrénée, s'étaient permis le pillage, l'incendie et même le sacrilége. Ils furent condamnés à périr sur l'échafaud.

Un seigneur de l'Esparre y figure, entre autres, comme l'un des principaux acteurs de la révolte de la Guyenne. Amnistié pour cette faute, puis coupable de nouvelles intrigues, il expia sa récidive par une condamnation à la peine capitale, quoique issu du sang le plus illustre.

Jusqu'au temps de Louis XI, les serments de fidélité n'avaient été regardés que comme des engagements de bienséance. Ce prince, dès son avènement au trône, fit connaître que cette infraction pouvait entraîner des suites plus funestes que celles de la disgrâce ou de la perte de quelques biens.

Charles, comte de Melun, d'une des plus nobles et des plus anciennes familles du royaume, avait été favori et ministre du roi : il fut prouvé par l'aveu même de ce coupable que, pendant la *Guerre du Bien Public* (1), jouissant de toute la confiance du monarque, il le trahissait.

Le roi le fit juger et il eut la tête tranchée. Ce seigneur, adonné à tous les vices et à la débauche, avait été orgueilleux et oppresseur sous son ministère. Ainsi fut exercé avec adresse, de la part du roi, le premier acte de sévérité à l'égard des grands, sur un homme déjà chargé du mépris général.

Dominé par un caractère soupçonneux, dur et implacable dans ses haines, Louis XI n'épargna pas même sa propre famille dans la personne de Jacques d'Armagnac. Après l'avoir laissé languir deux

---

(1) Nom connu dans l'histoire par l'opposition armée contre laquelle Louis XI eut à combattre quelques années après son avènement au trône, et qui fut un des prétextes que saisirent les principaux seigneurs de sa cour dont il voulait abaisser la puissance, pour se liguer contre lui.

ans dans les prisons, il le fit condamner à mort. Le jugement prescrivait qu'au lieu d'être exécuté sur un échafaud de pierre, comme d'ordinaire, on eût à en dresser un en planches mal jointes, et qu'on plaçât au-dessous ses jeunes enfants, pour que le sang de leur père ruisselât sur leur tête. Ainsi fut puni ce seigneur rebelle qui s'était trouvé dans toutes les factions depuis la *Guerre du Bien Public*, et qui, mal corrigé par le désastre du chef de sa famille, quatre ans auparavant, s'était encore mêlé des intrigues des ducs de Bourgogne et de Bretagne pour rappeler les Anglais sur le territoire de la France.

Il est fâcheux pour la mémoire de Louis XI que la répression de cette déloyauté n'ait été dictée que par un sentiment de pur égoïsme, et pour satisfaire ses seuls désirs de vengeance ; autrement une gloire immortelle aurait rejailli sur son nom ; tandis que, tout en reconnaissant la portée de ses vues éclairées, la postérité ne lui tint compte de ces coups d'État, que parce que, d'abord, il força ses vassaux à reconnaître la supériorité du monarque, non par de simples déférences et les hommages de cérémonie établis par l'usage, mais par une véritable subordination et une obéissance ponctuelle aux ordres du souverain ; qu'ensuite, il favorisa les communes en leur donnant un pouvoir suffisant pour réprimer les vexations des seigneurs ; parce qu'enfin il sut abolir pour toujours les prétentions de l'Angleterre sur la France, ce qui contribua efficacement à rétablir la puissance absolue du trône, et lui valut le surnom de *restaurateur de la monarchie*.

Le vertueux Louis XII, appelé à juste titre le *père du peuple*, signala le second couronnement de la reine Anne, devenue son épouse, par la diminution des impôts, rendus trop exhorbitants sous les règnes qui l'avaient précédé. Il s'attacha ensuite à réprimer les désordres des troupes dans les villes de garnison, en assurant à l'armée une solde régulière qui ne fut plus supportée que par l'État, et en exigeant que les commandants fussent des officiers d'une bonne conduite, les rendant dès ce moment personnellement responsables des méfaits de leurs soldats.

Ce fut alors que des émoluments furent assignés aux différents employés de l'administration publique.

En ce qui concernait la magistrature, afin de n'être pas trompé sur la capacité des candidats qui lui étaient présentés, Louis exigea qu'ils fussent soumis à un examen. En ce qui touchait les mœurs, considérant ce corps comme devant servir de modèle à la société tout entière, il établit un tribunal de censure composé des présidents de chambres, assistés de deux ou trois conseillers reconnus irréprochables, à l'effet d'informer sur la conduite des membres contrevenant aux ordonnances ou faisant des choses dérogeant à l'honneur ou à la gravité de l'institution, et de les réprimander et punir par amendes, suspension ou interdit. Ce tribunal s'assemblait tous les quinze jours, le mercredi, ce qui a fait donner à ces opérations le nom de *mercuriales,* et, tous les six mois, le registre des condamnations était mis sous les yeux du roi.

L'affection de Louis XII pour son peuple fut telle qu'à la suite des désastres de la guerre du Milanais, obligé de lever une nouvelle armée pour s'opposer à l'invasion des Anglais dans le nord et des Suisses dans le sud-est de la France, le trésor étant épuisé, il préféra mettre en vente les domaines de la couronne plutôt que d'augmenter les impôts par de nouvelles taxes.

Si, en politique, on a reproché quelques fautes à ce vertueux prince, elles sont seulement dues à son extrême crédulité. Il avait un caractère trop droit pour qu'on pût lui supposer d'autres pensées que des intentions favorables aux intérêts publics.

Les chroniqueurs du temps conviennent que sous ce règne les villes se bâtirent mieux, leurs faubourgs s'agrandirent, et que les landes se défrichèrent.

Par suite des faveurs accordées au commerce qui devint florissant, l'opulence particulière commença à se faire sentir ; les arts se répandirent et l'industrie fut encouragée ; enfin il y eut une émulation générale, et l'influence française s'étendit tellement en pays étrangers, que les commerçants entreprirent des voyages lointains sans craindre d'être insultés, tant était respectée l'autorité de celui qui fut toute sa vie un modèle de décence et de piété sans affectation. Aussi fut-il sincèrement regretté.

Les nobles exemples que Louis XII avait gravés dans l'esprit de ses sujets furent bientôt effacés par la licence de ses successeurs. La conduite scandaleuse de plusieurs d'entre eux ne tarda pas à faire oublier le peu de gloire qu'ils s'étaient acquis, et la force de leurs débordements, allant jusqu'à afficher publiquement les compagnes de leurs débauches, causa la ruine du pays déjà surchargé d'impôts. Telle était la situation de la France lorsque Henri IV monta sur le trône qu'il avait mis cinq ans à conquérir.

Aidé de la sage administration de Sully, son ministre et son confident, ce grand roi laissa après vingt et un ans de règne quinze millions d'économie, une armée disciplinée, un corps d'officiers braves et expérimentés, et des alliances sur lesquelles on pouvait compter.

L'histoire des faits qui caractérisent les trois règnes suivants est encore trop récente pour n'y pas remarquer que les gouvernants préparèrent, sans s'en apercevoir, la révolution qui proclama l'œuvre de nos libertés dont Louis le Gros avait déjà posé les premières bases.

Tous les excès s'y rencontrèrent, et si la gloire des conquêtes de Louis XIV a longtemps illustré la France, la fin de sa vie offre un contraste pénible à décrire.

Ainsi l'on vit les querelles succéder à ces brillantes actions qui avaient si noblement occupé la nation; les finances mal administrées; les guerres sans but et soutenues sans énergie; enfin les mœurs, à peu près méconnues à la cour, se dégrader chez le peuple, et une multitude de livres aussi contraires à l'autorité souveraine qu'à la religion, inonder de toutes parts le royaume.

C'était donc à une époque où les principes étaient mis en problème, et où de nouvelles doctrines s'efforçant de dénaturer tout ce qui avait été respecté jusqu'alors, faisaient de rapides progrès, que le petit-fils de Louis XIV prit les rênes d'un gouvernement déjà sapé dans ses fondements.

Si Louis XV eût voulu maîtriser sa passion immodérée pour les plaisirs, il eût calmé les sourds mécontentements qui agitaient l'intérieur et conquis l'amour de ses sujets, car il avait un caractère doux et patient; il était même pénétré des principes de religion que ses déréglements ne l'empêchèrent pas de conserver jusqu'à ses derniers moments.

Quoiqu'il ne fût pas un esprit supérieur, ce prince favorisa cependant avec discernement les sciences que Louis XIV avait su encourager par sa munificence ; il protégea aussi certaines entreprises littéraires dont on lui démontrait l'utilité. On lui doit encore des institutions qui prouvent les bonnes intentions qui l'animaient, mais que de bas courtisans gâtèrent en flattant avec trop de servilité ses goûts de dépravation qui préparèrent la chute d'une monarchie appuyée sur près de quatorze cents ans d'existence.

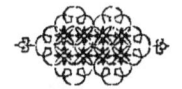

DE
L'ÉGOÏSME DU JOUR.

On voit, par l'exposé des faits qui précèdent, que les mêmes causes qui affligèrent l'ancienne société affligent également la société moderne. L'histoire nous apprend qu'à Lacédémone, à Athènes, à Rome et sous l'ancienne monarchie française, des chefs ambitieux n'avaient pas hésité à sacrifier leur honneur à leurs intérêts, sans calculer qu'ils plongeaient dans l'abîme les États dont l'administration leur était confiée.

Les événements ont fait justice de quelques-uns d'entre eux ; d'autres ont assez vécu pour imposer à des populations ignorantes la pesanteur de leur joug.

Ne sait-on pas que Lacédémone et Athènes, à des temps différents, étaient livrées aux vices les plus honteux, lorsque Lycurgue et Solon, appelés par le vœu public, rétablirent les mœurs par la sagesse de leurs lois, et sauvèrent ces grands peuples d'une destruction totale.

Puis à Rome les désordres des derniers Tarquins n'ont-ils pas contribué au renversement du trône de Numa? Enfin n'avons-nous pas remarqué que la licence, qui, à plusieurs époques, avait menacé la république dans ses institutions, était sur le point de la réduire à cette fatale destinée, quand apparut Caton ? L'énergique dévouement de ce censeur éclairé, joint à la confiance qu'on attachait à ses règlements, eût rappelé les citoyens aux principes austères de leurs ancêtres, sans les sanglantes proscriptions de Marius et de Sylla, et les querelles continuelles de César et de Pompée.

En examinant la marche de ces événements et en les comparant entre eux, on sera convaincu que nous sommes arrivés à cette extrémité à laquelle était livrée la Grèce lorsque parurent ses législateurs.

Comme à Athènes, les classes moyennes se trouvent dévorées à notre époque, par l'envie, l'ambition des places et des honneurs, peu importent les moyens pour y parvenir. Les classes inférieures, de leur côté, sont en proie à une immoralité flagrante d'une autre nature, et d'autant plus dangereuse que ces dernières n'ont pas les ressources de l'instruction pour en calculer les conséquences.

On se demande ce qu'ont fait nos moralistes et nos philosophes modernes pour s'opposer à cette contagion qui nous décime et accroît de jour en jour le nombre de ses victimes ?

Il est vrai que la presse quotidienne a dénoncé plusieurs de ces faits, et a, par cela même, soulevé contre leurs auteurs l'animadversion publique ; mais il est à regretter que son langage, influencé par la nuance des opinions qu'elle représente, en en faisant une question politique, ait écarté tout l'intérêt qu'elle réclamait comme question sociale.

Nous ne pensons pas que la même considération nous empêche de poursuivre une œuvre si digne de l'attention publique ; et, en présence du péril qui menace la société entière, nous ne balançons pas à livrer aux hommes sérieux les réflexions que les derniers scandales ont provoquées, en écartant néanmoins toute prévention contre les personnes.

Nous n'établirons ici aucune doctrine nouvelle ; c'est l'histoire seule dont nous invoquons le souvenir, et, puisque tant de peuples ont été heureux de suivre les principes qu'elle enseigne, pourquoi ne pas les imiter ?

Les cyniques excès dont nous gémissons encore nous font pressentir l'abîme vers lequel peut entraîner l'égoïsme : abus de confiance, corruption, concussion, meurtre, rien n'y a manqué.

DE L'ÉGOISME DU JOUR. 51

Nous avons vu ces scènes qui, jusqu'ici, ne s'étaient passées que dans d'humbles demeures, franchir le seuil des résidences les plus somptueuses ; et, ce qu'il y a de monstrueux et que nous ne saurions taire, c'est que tous ces crimes qu'ont enfantés les temps de barbarie ou de révolution, de superstition ou d'ignorance, se soient perpétrés parmi nous au milieu de la paix la plus profonde et à une époque surtout où nous nous montrons fiers de marcher à la tête de la civilisation moderne.

L'ordre social fortement ébranlé de ces drames qu'il déplore étant livré à l'incertitude de son avenir, abandonne sa destinée à ces vertueux citoyens qui, par leurs lumières et leur générosité, ont donné dans plusieurs circonstances de calamité publique tant de preuves de dévouement.

En faisant un appel à leur zèle infatigable, la société espère que leur ingénieux patriotisme fournira les moyens de faire renaître cette antique bonne foi qui contribua si puissamment au bonheur du siècle dernier.

Qu'on se le persuade bien, dans un temps où les limites du respect public ne sont plus observées, où l'estime due au caractère de certains citoyens est méconnue, où les liens de famille sont rompus et l'influence de leurs chefs détruite, n'est-il pas à craindre que dans cette situation déplorable nous ne soyons prochainement menacés d'une entière dissolution (1)?

Régénérer la société est donc aujourd'hui une œuvre sainte et sacrée !..... Rétablir la confiance perdue dans la famille, l'amitié sincère et désintéressée dans les relations particulières, au lieu du froid égoïsme qu'on y rencontre ; témoigner de son respect pour nos institutions et de sa déférence pour les organes de nos lois ; environner d'une considération justement acquise les hommes investis des fonctions publiques ; rendre enfin l'honneur le plus beau titre qui distingue un

---

(1) Il y a de mauvais exemples qui sont pires que les crimes ; et plus d'États ont péri parce qu'on a violé les mœurs que parce qu'on a violé les lois.
(MONTESQUIEU, *Grandeur et décadence des Romains*, chap. 8.)

citoyen, tels sont les résultats qu'on obtiendrait en suivant les principes de ces illustres législateurs dont le souvenir se transmet de génération en génération comme un élément impérissable et constitutif de notre création.

www.ingramcontent.com/pod-product-compliance
Lightning Source LLC
Chambersburg PA
CBHW060714050426
42451CB00010B/1446